¡Sssssshhhhhhhhhhh!

Haz del teatro algo íntimo

Llévalo siempre en el bolsillo

Cubierta y diseño editorial: Éride, Diseño Gráfico
Dirección editorial: ángel jiménez

Primera edición: diciembre, 2024

Miguel Hernández
© Julio Salvatierra
© VdB, 2024
Espronceda, 5
28003 Madrid

VdB®

ISBN: 978-84-19850-94-2
Depósito Legal: M-28139-2024
Diseño y preimpresión: Éride, Diseño Gráfico

 Este libro protege el entorno

Miguel Hernández

Julio Salvatierra

Autor, guionista, profesor y hombre de teatro con más de treinta y cinco espectáculos estrenados con los que ha obtenido galardones como el premio Ojo Crítico de Teatro en 2006, el Premio Nacional de Teatro en Portugal, o diversas nominaciones a los Max. Recientemente ha obtenido el Premio Teatro de Autor de la Universidad de la Laguna y ha sido candidato al Nacional de Literatura Dramática en 2022 y 2023. Representado en veinte países, y traducido al francés, inglés, portugués, gallego y euskera. Coguionista y editor del documental «Madres, 0'15 el minuto», Biznaga de Plata en el Festival de Cine de Málaga. Director de Postproducción de «La Boda», finalista en los Goya al Mejor Corto de Ficción. Profesor de Dramaturgia y Producción. Miembro fundador de la Academia de Artes Escénicas de España. Licenciado en Interpretación (RESAD, Madrid) y en Medicina (Universidad de Granada), actualmente cursa el grado de Historia en la Universitat Oberta de Catalunya.

Entre sus últimos trabajos teatrales destacan *Patriotas*, 2022, Teatro Pérez Galdós, Las Palmas. *El viaje de Ulises*, Premio FETEN a Mejor Espectáculo y finalista en los Max 2019. *Los esclavos de mis esclavos*, 2017, Teatros del Canal. *Iberian Gangsters,* 2017, finalista Max como Mejor Musical. *Transición* (coautor), 2013, CDN, Mejor Espectáculo del año (El Mundo). *Ser o no ser*, 2012, Teatro Alcázar. *Todo es enredos amor*, CNTC. *Calisto. Romeo. La verdadera historia de los hermanos Marx. Qfwfq, una historia del universo...*

Tu sangre es deliciosa (éride ediciones, 2023) es su primer libro de relatos. Su primera novela se publicará en breve.

Julio Salvatierra

Miguel Hernández

Esta obra se estrenó, dentro del Festival de Otoño de Madrid, en el Teatro
Buero Vallejo de Alcorcón (Madrid) el 27 de octubre de 2001
interpretada por Álvaro Lavín (MIGUEL HERNÁNDEZ),
Paloma Vidal (JOSEFINA MANRESA), Óscar Sánchez (RAMÓN SIJÉ),
Esteban Pico (PABLO NERUDA) y Susana Hernáiz / Marina Seresesky (ELLA).

Dirección:
Álvaro Lavín y Marina Seresesky

Canciones:
Oscar Sánchez / Miguel Hernández

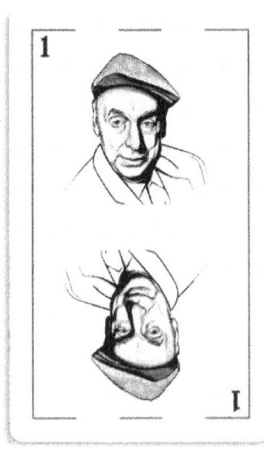

La presente obra es un texto totalmente original sobre la vida y la obra del poeta Miguel Hernández (1910-1942). Ha sido construida a partir de un amplio trabajo de documentación sobre su biografía, así como del placer y la emoción producidos por la lectura, dilatada y repetida, de su poesía. En ella he incluido algunos poemas del poeta, o pequeños fragmentos de su correspondencia, tras consultar pertinentemente con sus herederos. La inclusión de dicho material no se ha hecho con intención *adaptativa* o de *refundición* de este, sino con la intención documental que resultaba, a mi juicio, conveniente y necesaria en un trabajo de estas características, en el que el interés principal radicaba justamente en explorar la fuente vital de la que surge la expresión poética. En cualquier caso, y a título de información, resalto que todo el material usado del poeta está convenientemente anotado a pie de página, señalando su procedencia, y que porcentualmente no supera el cinco por ciento del texto.

Acotaciones previas

1)   En la obra coexisten dos planos. A uno lo podríamos llamar el *plano real*. Y al otro, el *plano onírico o irreal*. Los personajes que protagonizan las escenas están en el plano real, pero el resto está también presente en escena, desde el otro plano. Creo que el texto es lo bastante claro como para marcar por sí solo esta separación y la intuición del lector hará el resto. Dejo a la decisión del director de escena y de los actores la conveniencia y la manera de plasmarlo sobre el escenario.

2)   En el plano irreal los personajes se sitúan casi siempre en un tiempo imaginario y *posterior* a los hechos. Saben muchas de las cosas que sucedieron después de la muerte de Miguel, e incluso de las suyas propias. Conocen los *veredictos de la Historia* y sus vaivenes. En cierto modo son la encarnación –con sus idiosincrasias particulares– de la visión distanciada de un ojo de nuestra época.

3)   Los personajes que intervienen son cinco: Miguel Hernández • Ramón Sijé • Pablo Neruda • Josefina Manresa • Ella, una mujer.

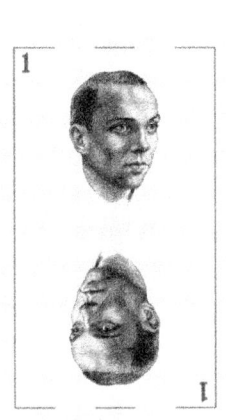

4)   Los fragmentos incluidos entre [corchetes] pueden omitirse en bien del ritmo de la obra, si se juzga necesario.

Personajes

Miguel Hernández

Ramón Sijé

Pablo Neruda

Josefina Manresa

Ella, una mujer.

2  3

Capítulo I.
Introducción final

> *Desde algún lugar oscuro llega la voz de alguien que piensa y habla, o canta...*

Voz[1]   *Quise ser... ¿Para qué?... Quise llegar gozoso*
al centro de la esfera de todo lo que existe.
Quise llevar la risa como lo más hermoso.
He muerto sonriendo serenamente triste.

(Reformatorio de Adultos de Alicante. Sueño. 28 febrero 1942. MIGUEL, que se muere, y JOSEFINA, a su lado.)

JOSEFINA   Casémonos.

MIGUEL   Tráeme huevos.

JOSEFINA   Casémonos, por tu bien.

---

[1] *El niño de la noche.* «Ciclo de Cancionero y Romancero de Ausencias: Otros poemas (II), n° 132».
Todos los poemas, estrofas o prosas originales del poeta que aparezcan en la obra irán referenciados respecto a la edición de sus Obras Completas, Espasa Calpe, 2ª Ed. 1993, a cargo de A. Sánchez Vidal y J.C. Rovira, y C. Alemany.

MIGUEL   Y dos patatas en vez de una.

JOSEFINA   Casémonos, por nuestro niño.

MIGUEL   Dos lecheras de sustancia que no falten.

JOSEFINA   Casémonos, Miguel, por todos, no lo entiendes.

MIGUEL   Ceregumil, Biseptisen, y tres resmas de algodón y gasa.

JOSEFINA   Casémonos o tu niño no tendrá escuela, ni nombre ni futuro.

MIGUEL   Nada de leche ni de dulces que no aguanto, y huevos más de nueve.

JOSEFINA   Casémonos, todos lo dicen, el vicario, el padre aquí, tu familia, tus amigos.

MIGUEL   ¡Una docena de huevos sí se puede, no lo entiendes, Josefina, debo sobrealimentarme! Nos casaremos cuando salga, cuando salga. ¿No lo entiendes? Tengo que ponerme bien para poder salir, debo ir al sanatorio, y tenéis que sacarme de aquí, tenéis que sacarme de esta cárcel, por dios, si no me sacáis me muero, y yo no quiero morirme, ¿comprendes? No quiero. Y si acepto casarme ahora es porque ya estoy muerto. No quiero morirme, Josefina.

JOSEFINA   Estoy aquí contigo.

(El sueño parece desvanecerse en el aire de la enfermería, pero no llegará nunca a hacerlo. La luz de un amanecer incierto trae de nuevo la voz que piensa y habla, o canta.)

Voz[2]   *Cuando te voy a escribir*
se emocionan los tinteros:
los negros tinteros fríos
se ponen rojos y trémulos...

Cuando te voy a escribir,
te van a escribir mis huesos:
te escribo con la imborrable
tinta de mi sentimiento.

Aunque bajo la tierra
mi amante cuerpo esté,
escríbeme a la tierra,
que yo te escribiré.

*(*Miguel *Hernández, que se muere, escribiendo, y Ramón* Sijé, *junto al enfermo. Los muros de la enfermería parecen concretarse, sin conseguirlo del todo.)*

Miguel *«Josefina, he pasado la noche sin fiebre. Me encuentro mucho mejor. No he recibido el Ceregumil, supongo que las farmacias estarán cerradas. Mándalo, me hace mucha falta. Y todo lo que te dije la última vez. Besos para mi niño, que ayer no me conocía, y a ti, te abraza, nunca, Miguel...».*

---

[2] *Carta. «El hombre acecha. n° 10».*

Toma, gracias... ¡espera...!, no... con la poca luz, me habías parecido otra persona....

SIJÉ   Y lo soy. Soy Ramón Sijé, también llamado José Marín, y tu amigo. Estás soñando.

MIGUEL   ¡Ah, José! bueno, seas Ramón Sijé o Rocamora-el-preso, no dejes de hacer llegar ese mensaje a Josefina: tengo que ponerme bien. ¿Sabes?, esta sí que es una batalla, y no la de los curas.

SIJÉ   Aún sigues con esas, después de toda una guerra.

MIGUEL   Que vosotros comenzasteis.

SIJÉ   ¿Cómo *vosotros?* Yo era tu amigo.

MIGUEL   Cada vez me quedan menos, al parecer. ¿Y a qué has venido? ¿También quieres que cambie a estas alturas?

SIJÉ   No. Vengo a hablarte de ascetismo.

MIGUEL   ¡Manda cojones! Perdón. ¿Y qué te crees que hago todo el día aquí? Yo sí que estoy hecho un asceta.

SIJÉ   No, Miguel, lo has sido siempre. ¿No te das cuenta? Eres capaz de privarte de todo por un ideal. ¿Si no por qué sigues aquí? Vives de las raíces, de los sueños de las cosas: la mujer, la tierra, el hijo no necesitas apenas lo superfluo.

MIGUEL   Aquí en la cárcel ya me dirás qué hago.

SIJÉ   No, podrías facilitar tu salida de prisión, si quisieras, y lo sabes, bastaría con que disimularas un poco frente a los vencedores. No todo el mundo es como tú, Miguel.

MIGUEL   ¿Y qué me quieres decir con eso?

SIJÉ   Que no estás tan lejos de mi. Que no todos los que lucharon en *tu* bando son tan idealistas como tú.

MIGUEL   ¡Qué revelación! Lucha de ideas nunca hubo en una guerra, de intereses. Y fueron los de *vuestro* bando.

SIJÉ   Yo no tengo bando.

MIGUEL   ¿De qué quieres convencerme?

SIJÉ   De nada. Siempre seremos minoría. Solo quería que me des la mano, y sentirte nuevamente, y saber que estás a mi lado, y que no me olvides. Ni me pases por encima, ahora que ya no puedo defenderme.

MIGUEL   Aún muerto sermoneas, José.

SIJÉ   Tú también viniste a mi lado a sermonear cuando mi muerte.

MIGUEL   Ya...

SIJÉ   Pero no te preocupes, esto es solo un sueño, y ahora debo irme, ya es muy tarde, con el amanecer se van los fantasmas y las sombras. Parece que hoy hará sol.

MIGUEL   ¿Y qué vas a hacer con el mensaje que te he dado?

SIJÉ   ¿Tú qué crees?

            (*Sale la sombra. Se instaura un día.* JOSEFINA *entra.*)

JOSEFINA   Estaba en una sala alargada con varias ventanas, todas con rejas, y rejas también por el medio. Miguel estaba siempre al fondo, sentado y envuelto en una manta. Volvía la cabeza mirándonos hasta que llegábamos junto a él. Siempre me decía que me sentara pegada a la reja, cerca de él, frente a la ventana, y el niño, junto a mi, no dejaba de mirarlo todo el tiempo... ¡Miguel!

MIGUEL   ¿Te han dado mi mensaje?

JOSEFINA   Sí. He traído todo lo que me pedías y además... ¡magdalenas!

MIGUEL   ¿Y a Manolillo no te lo has traído?

JOSEFINA   No.

MIGUEL   Las magdalenas no las quiero. Vuelve a llevártelas.

JOSEFINA   Va a llover y no quiero que se enferme. Con uno ya tenemos bastante.

MIGUEL   Me habían dicho que haría sol.

JOSEFINA   Pues no, hijo.

MIGUEL   Dile que voy a escribirle otro cuento, en cuanto pueda.

JOSEFINA   Se lo diré. ¿Cómo te sientes?

MIGUEL   Como un chaval al ver junto a mí a tan hermosa.

JOSEFINA   ¡Vaca!

MIGUEL   ¡Sí! Y yo toro. Qué ganas tengo de poder usarnos otra vez el uno al otro.

JOSEFINA   Anda, calla ya, que se te va a ir la fuerza por la boca. Y con la pinta que llevo...

MIGUEL   Yo en cambio, debo de estar guapo. No llores.

JOSEFINA   ¿Has hablado con el padre Vendrell? Yo he hablado con el vicario...

MIGUEL   ¡Te he dicho que al vicario nada! No le pidas nada.

JOSEFINA   Me ha dicho que tenemos que casarnos cuanto antes, por el niño, que nuestro matrimonio civil ya no vale, pero que se puede celebrar la ceremonia religiosa aquí en la cárcel, y que además, a lo mejor favorecía tu situación en general.

MIGUEL   Lo sé.

JOSEFINA   Y que si además hicieras la declaración de que te habló cuando vino a verte, él también podría ayudarnos más fácilmente a nosotros.

MIGUEL   Lo sé.

JOSEFINA   ¿Y?

MIGUEL   No sé...

NERUDA   No cedas, Miguel. Has sembrado versos muy grandes. ¿Vas a negarles el agua?

SIJÉ   ¿Qué hace este aquí?

NERUDA   Cállese. No cedas. Si cedes ahora, ¿de qué te habrá servido tanto esfuerzo? Lo que has creado es real. Y el eco de las palabras dura más que el de los cañones. Un hombre lucha, a pesar de las fieras y las garras.

SIJÉ   Bonito pastiche.

MIGUEL   ¿Pero y qué palabras podré ya encontrar estando muerto?

JOSEFINA   ¿Con quién hablas? No hay nadie.

NERUDA   Señor Sijé, debo informarle que noto en el ambiente una cierta fragancia a meapilas.

SIJÉ   Por lo visto su burdo olfato está al mismo nivel que su lengua, señor Neruda.

MIGUEL   Con fantasmas, ¿no los ves?

JOSEFINA   Lagarto, lagarto. Estás ardiendo.

MIGUEL   Están ahí. No distingo ya lo de fuera y lo de dentros.

JOSEFINA   Tranquilo, te pondrás bien.

ELLA   No había nadie. Ramón Sijé, su compañero del alma, había muerto seis años antes. No llegó a conocer la guerra, ni a ver, afortunadamente, cómo sus ascéticas ideas eran asociadas a un proceder no precisamente santo. Y Pablo Neruda, a sus treinta y cinco años, todavía joven y delgado, estaba en París, envuelto en su mundo, en su ajetreada vida y en sus poemas. Pero ambos eran la encarnación de dos opuestos dentro de Miguel. Así que de algún modo sí estaban allí, junto a la tuberculosis, junto a Josefina, hablándole al oído, discutiendo siempre, como perro y gato. Yo también estaba allí, pero yo apenas le hablaba. Lo contemplaba muda, igual que él ya casi no me hablaba, a mí, con quien tanto había hablado a lo largo de su vida.

Capítulo II
Comienzos

Orihuela, en los alrededores del pueblo a la caída de la tarde. Un día de noviembre de 1929.

SIJÉ   Hola, ¿tú eres Miguel Hernández?

MIGUEL   Sí.

SIJÉ   Me llamo José Marín. Perdona que te pregunte, ¿qué escribes?

MIGUEL   Versos.

SIJÉ   ¿Y por qué?

MIGUEL   ¡Ah, si yo lo supiera!

SIJÉ   ¿Y por qué no lo sabes?

MIGUEL   ¿Y tú, por qué preguntas tanto?

SIJÉ   No, dime, en serio, si escribes versos debes saber por qué lo haces, ¿no?

MIGUEL   Quiero ser poeta.

Sijé	¿Y por qué?
Miguel	¡Para escribir buenos versos!
Sijé	Eso es una tautología.
Miguel	Eso no sé qué es.
Sijé	Es como definir un término usando ese mismo término: o sea, no decir nada.
Miguel	Como decir: *y los sueños, sueños son*.
Sijé	(*Sonriendo.*) Más o menos.
Miguel	Y a lo mejor es verdad que los sueños no son nada. Pero aún así yo sueño con ser poeta.
Sijé	Pero ¿por qué?
Miguel	¡Hoy hay eco en este monte!
Sijé	Perdóname por molestarte. He leído el poema que le diste a Carlos. Y lo queremos incluir en nuestra revista, que no tiene gran tirada, pero es algo. Por eso venía a buscarte.
Miguel	¡¿De verdad!?
Sijé	Sí. Yo también escribo versos a veces, y por eso te pregunto: ¿nunca has pensado por qué quieres ser poeta?

MIGUEL   Sí. Muchas veces.

SIJÉ   ¿Y?

MIGUEL   Y nada. Al final acabo escribiendo alguna estrofa nueva.

SIJÉ   Ya. ¡Qué curioso, ¿no?!

MIGUEL   Supongo...

SIJÉ   Creo que tenemos que hablar más a fondo de ese tema. Es interesante.

MIGUEL   Sí.

SIJÉ   ¿Mañana por la tarde puedes pasarte por casa de Carlos?

MIGUEL   Sí.

SIJÉ   ¡Bien! Oye, me ha gustado mucho tu poema, ¿sabes?

MIGUEL   ¿Sí?

SIJÉ   Sí. Es mejor que todo lo que escriben compañeros míos que estudian bachillerato, e incluso filosofía.

MIGUEL   Yo ahora estudio *cabrillerato* y *ovejología*, pero te he servido a ti la comida.

SIJÉ	¿Cuándo?
MIGUEL	Ahí, en el colegio. Estuve solo dos años. Pero me acuerdo de tu cara cuando entraste, de cuando me tocaba servir en el refectorio.
SIJÉ	Ah.
MIGUEL	Pero no te preocupes. Me lo pasaba bien. Observaba a la gente.

(*Rompe a reír. Y dicen que la risa de* MIGUEL *era estruendosa e intemperada, incluso inoportuna...*)

SIJÉ	¿De qué te ríes?
MIGUEL	Es que..., déjalo. ¿De verdad te gusta mi poema?
SIJÉ	Si no me gustara no te lo diría. Es bueno, muy bueno el clima al final del segundo cuarteto, y sobre todo esa solución, tan hermosa...
MIGUEL	¡Vaca!
SIJÉ	¿Eh? Ah, sí. Decía que la resolución del terceto final capta perfectamente ese espíritu de resignación apasionada que es la fibra más profunda de un nuevo catolicismo.
MIGUEL	¡Tomá! Pues yo no me resigno.
SIJÉ	¿A qué?

MIGUEL	A oler siempre a cabra, porque las cabras no huelen a incienso, aunque haya curas que huelan a cabra... Voy a encerrar el rebaño y a lavarme al río, ¿vienes?
SIJÉ	Sí.
MIGUEL	Bueno, a ver si te vas a manchar la ropa.
SIJÉ	¡No importa! Y así podemos seguir hablando.
MIGUEL	Bien. Yo no hablo con nadie de mis poemas.
SIJÉ	¿De qué te reíste antes?
MIGUEL	No te ofendas, me acordé que cuando te vi en el refectorio, pensé que tenías la misma cara de Luná, una de las ovejas de mi padre.
SIJÉ	Ah. ¡Béééé! ¿Así mejor?
MIGUEL	¡Clavado! Perdona, yo es que a veces soy muy bruto. ¡Pero es que tienes cara de oveja!
SIJÉ	¡Peor sería tenerla de cabra! *...pues la cabra parécese al demonio.* *Más si este sonríe tras su reja,* *animal de tan noble testimonio* *¡no ha de ser cabra, sino oveja!*
MIGUEL	¡Ah! ¿Es tuyo?

SIJÉ   No. Es de Calderón. *El juicio de los poetas.* ¿Has leído a Calderón?

MIGUEL   Solo una obra. Pero sé de alguien que a lo mejor me puede prestar más...

SIJÉ   Claro...

MIGUEL   ¿¡Sí!?

SIJÉ   De verdad... tienes toda la biblioteca de mi casa a tu disposición... no es gran cosa, pero luego está la del círculo, y la del vicario, si es por libros, desde luego no te van a faltar.

MIGUEL   ¡Muchas gracias! En mi casa no sobra el dinero para comprar libros, y mi padre... etc., los usaría para darme con ellos en la cabeza.

SIJÉ   Entonces tengo unos así de gordos que le van a encantar.

MIGUEL   ¡Shhh! ¡Que ni te oiga! Vamos. Oye, ¿y yo de qué tengo cara?

SIJÉ   ¿Tú? De patata. Una cara de patata impresionante. O de boniato.

NERUDA   ¡Eh! ¡Eh! Eso no lo dijo Sijé! Eso lo dije yo, pero mucho más tarde, en Madrid, y además, dije *cara de papa*, de *papa*, eh, no de *patata*, por favor.

ELLA   Tranquilo, Pablo, qué mas da.

NERUDA   No, sí da, sí da, amiga mía, así se escribe la
            historia.

ELLA   Lo hacemos todos, y da igual, Pablo.

NERUDA   Sí, tienes razón, pero no me gusta oírlo en
            boca de ese, ¡cara de oveja!

Orihuela, diciembre 1930.

SIJÉ   ¡Miguel!

MIGUEL   ¿Ha salido ya?

SIJÉ   Aquí está.

MIGUEL   ¿Y mi nombre sale abajo?

SIJÉ   Claro.

MIGUEL   ¡Somos grandes! ¡Llegaremos lejos!

SIJÉ   Hay un premio en Elche al que quiero que
            mandes algo, si estás de acuerdo.

MIGUEL   ¿¡Un premio!? ¡Tú estás loco! ¿Tú crees que
            mis poemas pueden ganar premios?

SIJÉ   ¡Claro! En serio, tienes una inocencia que no abunda y nadie como tú conoce la naturaleza, la de verdad. ¿Tienes algún poema sobre la vida?

MIGUEL   ¡Todos! No, ya sé lo que dices. ¡Sí! Tengo uno que escribí hace ya tiempo, dos meses por lo menos, pero no sé... ¿te lo leo?

SIJÉ   Dale.

MIGUEL   Está por aquí, es sobre el nacimiento de un cabritillo. *Aprendiz de chivo*[3], se titula. ¿Te lo leo?
Nace; exhala,
debilísimo, un vagido;
cae en el suelo en sangre hundido;
tiembla; bala…
Y luego sigue... ¿Es algo así lo que buscas?

SIJÉ   Si, puede ser, parece de la Arcadia mismo...

MIGUEL   ¡Pero lo que más me gusta es el final!
De manera chusca,
con el tierno hocico,
a la madre la ubre busca;
da con ella; bebe néctar casto y rico...
Ya se siente poderoso;
ya no gime ni solloza;
ya se alza jubiloso,

---

[3] *Aprendiz de chivo.* «Poemas sueltos I. nº 13».

victorioso; ya rebulle; ya retoza.
Y en el gozo que le enciende,
prosiguiendo sus bravatas,
ya pretende,
a la cabra que lo ha dado, penetrar puesto
                            [en dos patas.

NERUDA   ¡Bravo!

ELLA   ¡Pablo!

NERUDA   ¿Por qué? Es un poema de niño, ¡pero con los ojos bien abiertos! ¡Un Garcilaso con cara de papa!

ELLA   ¡Y dale con la papa!

JOSEFINA   Con permiso, a mí me hace gracia.

NERUDA   ¿Ves? La señora también lo dice.

MIGUEL   ¿No te gusta?

SIJÉ   No mucho. Tiene esa gracia fácil de lo iconoclasta. Pero cae muy bajo.

MIGUEL   ¡Tú sí que caes bajo! ¡Es un divertimento! Y además las cabras por aquí están todo el rato dale que te pego.

SIJÉ   ¡Pero la poesía es elevación, sublimación, lucha!

MIGUEL   ¡Qué tontería! ¿Y por qué eso no es elevado?

SIJÉ   ¿Tú quieres estar toda tu vida criando cabras? ¿Barriendo corrales?

MIGUEL   No, ¡lo odio!

SIJÉ   ¿Ves!? Hacerlo no es malo, pero tú quieres algo más. Quieres elevarte, comprender, mejorar... con la poesía es lo mismo. Puedes cantar a lo más primario, si quieres, pero también desentrañar con ella misterios más complejos y arduos. Si quieres ser poeta tienes que luchar mucho, y sobre todo, contigo mismo.

MIGUEL   Todo eso está muy bien, pero en la poesía cabe todo.

SIJÉ   ¡Sí!

MIGUEL   ¿Estamos de acuerdo, entonces?

SIJÉ   ¡No! Porque la poesía no puede ser un fin en sí mismo. Como la vida. Naces, creces, te reproduces y mueres. Y ya está. ¿¡Es eso!? ¿¡No hay nada más!? Nada por lo que luchar, nada que dejar detrás. nada que mejorar? La poesía, como la vida, debe servir a una causa.

NERUDA   ¡Qué sacristán mas grande perdió la iglesia!

ELLA   No lo juzgues, Pablo.

SIJÉ   ¡Pero creo que te estoy echando un sermón!

MIGUEL   Un poco.

SIJÉ   ¡Perdón! Tienes razón: soy un borrego, y los curas me enseñaron: ¡bééé! Vente a mi casa, tengo un nuevo libro que quiero que veas.

MIGUEL   ¡Sí! ¡Y luego vamos al río!

SIJÉ   De acuerdo, aunque hace algo de frío para que yo me bañe, no me sienta bien.

NERUDA   Pobre Ramón. Tú eres hermosa, amiga mía, tienes razón y yo soy un bocazas.

ELLA   Gracias por lo de bocazas.

NERUDA   ¿Qué edad tendría Sijé cuando murió?

JOSEFINA   Veintidós años tenía.

Orihuela, una calle del pueblo. Junio 1933.

JOSEFINA *cruza.* MIGUEL *sale corriendo de un lado hasta ella.*

MIGUEL   ¡Hola!

JOSEFINA   Hola.

MIGUEL   Toma... ¿tampoco hoy me vas a decir cómo te llamas?

JOSEFINA   No.

MIGUEL   Yo me llamo Miguel. ¡Adiós!

JOSEFINA   Adiós.

(Le da un papel doblado y se va corriendo. JO-SEFINA lo desdobla y lee. MIGUEL la espía desde un lado, recitando para sí.)

JOSEFINA   «Para ti...»[4]
Ser onda... oficio... niña... ¿es de tu pelo? ¿...pero qué dice este...?
¡ser onda, oficio, niña, es de tu pelo...!
nacida ya para el mareo...
nacida ya para el ¿marero? ¡oficio! ¡qué raro...!
ser graciosa y morena tu ejercicio...
y tu virtud más ejemplar ser cielo.

MIGUEL   *¡Niña!, cuando tu pelo va de vuelo,*

JOSEFINA   *Dando del viento claro un negro indicio,*

MIGUEL   *Enmienda de marfil y de artificio*

JOSEFINA   *Ser de tu capilar borrasca anhelo.*
No tienes más que hacer que ser hermosa.

---

[4] *Ser onda, oficio, niña, es de tu pelo.* «Poemas sueltos II. So-netos del ciclo de El silbo vulnerado. nº 236».

MIGUEL   *Ni tengo más festejo que mirarte,*
            alrededor girando de tu esfera.

JOSEFINA   *Satélite de ti, no hago otra cosa,*
            si no es una labor de recordarte.

MIGUEL   *¡Date presa de amor, mi carcelera!*

NERUDA   Seis años más tarde le escribiría: [5]
            Yo no quiero más luz que tu cuerpo ante el mío:
            claridad absoluta, transparencia redonda.
            Limpidez cuya entraña, como el fondo del río,
            con el tiempo se afirma, con la sangre se
                                              [ahonda.
            Claro... que esto fue después de conocer mi
            poesía.

SIJÉ   ¡Es usted un sinvergüenza, señor Neruda! Mi-
            guel en Orihuela tenía ya dentro de sí más per-
            sonalidad poética que toda la que usted haya
            podido reunir en todos sus exóticos viajes.

NERUDA   Perdóneme, señor Sijé, estaba bromeando,
            ¿comprende? El sentido común y el del humor
            no están reñidos en mi país... ¡qué barbaridad!
            ¡Qué pasiones las de estos arábigo-españoles!

ELLA   Son como niños.

---

[5] *Yo no quiero más luz que tu cuerpo ante el mío.* «Ciclo del Cancionero y Romancero de ausencias. Otros poemas (II). nº 129».

Orihuela. Septiembre 1933.

Josefina *intenta cruzar.* Miguel *llega corriendo hasta ella.)*

MIGUEL   Si quieres un barco para cruzar ese río, yo te presto el mío.

JOSEFINA   No, gracias, prefiero tener los pies en la tierra.

MIGUEL   ¿Y el nombre dónde lo tienes, para que yo te lo vea?

JOSEFINA   Me lo he dejado en casa, hoy voy sin nombre.

MIGUEL   ¡Vaya por dios! Entonces te puedo prestar yo uno, para que no vayas desnuda.

JOSEFINA   ¿¡Por qué desnuda!?

MIGUEL   Porque las palabras son los vestidos de las cosas y de las personas. Y como tú no tienes, a mí me gustaría hacerte uno muy bonito, si tu quieres.

JOSEFINA   Ya me hiciste uno.

MIGUEL   ¡Sí!, ¿te gustó?

JOSEFINA   Sí, era un poco raro, al principio no lo entendía muy bien pero era bonito. Entonces, ¿es verdad que a ti te dicen *el poeta*, no?

MIGUEL   ¿Quién te ha dicho eso?

JOSEFINA   Mis compañeras del taller-modista. Siempre
            que te asomas todas dicen: *el poeta, el poeta.*

MIGUEL   Les voy a echar una fresca a tus compañeras
            que se van a quedar como *pingüinas.*

JOSEFINA   También dicen que has estado en Madrid.

MIGUEL   Sí. Unos meses estuve viviendo allí.

JOSEFINA   ¿Y cómo es?

MIGUEL   Grande y toda llena de zapatos.

JOSEFINA   ¡De zapatos!

MIGUEL   Sí, los que yo dejé allí hechos pedazos de re-
            correrla a pie todos los días. Me fui a buscar
            trabajo, de periodista, o de escribir pero nada.
            Hay mucha gente y mucho jaleo, y a la vez no
            pasa nada. Hay calles enormes, y palacios y
            tranvías. No me gusta, pero creo que tendré
            que volver a vivir allí algún día.

JOSEFINA   ¿Por qué?

MIGUEL   Porque yo quiero escribir y aquí no hay espa-
            cio para las cosas de la cultura.

JOSEFINA   ¿Pero qué quieres escribir?

MIGUEL   ¡Todo! Quiero escribir de todo pero, sobre todo, de los nombres perdidos.

JOSEFINA   ¿El trabajo del campo no te gusta?

MIGUEL   No. Lo odio, ¡pero bueno... ¿y a ti te gustaría ir a Madrid?!

JOSEFINA   ¿A mi? No. Bueno, no sé, a ver los vestidos.

MIGUEL   ¡Tú a ver vestidos y yo a buscar nombres!

JOSEFINA   ¿Y tú que nombre me pondrías?

MIGUEL   A ver... ¿Nefertiti?

JOSEFINA   ¡Qué horror!

MIGUEL   ¿Nemorosa?

JOSEFINA   ¡Peor!

MIGUEL   ¿Laurencia?

JOSEFINA   ¡Uf!

MIGUEL   ¿Margarita la de las Camelias?

JOSEFINA   ¡Qué cursi!

MIGUEL   ¡Ya sé! La Dulcinea de Orihuela.

JOSEFINA   ¡Anda ya!

MIGUEL   ¿Y morenita guapa?

JOSEFINA   No.

MIGUEL   Pues entonces no sé yo cuál podrá ser...

JOSEFINA   Misterio...

MIGUEL   Doña misteriosa, te llamaré entonces.

JOSEFINA   Bueno, como quieras, pero ¿sabes? No te imaginaba así.

MIGUEL   Así. ¿Cómo?

JOSEFINA   No sé, creí que un poeta sería de otra manera, como más serio.

MIGUEL   Yo soy el hombre más serio del mundo.

JOSEFINA   Pero estás siempre de broma.

MIGUEL   ¡Que no! Te digo en serio que no soy serio en broma.

JOSEFINA   ¿Cómo? Ya me he echo un lío.

MIGUEL   Vamos a ver: ¿tú cómo quieres que sea?

JOSEFINA   Yo imaginaba que uno que escribe poesías estaría siempre en las nubes, pensando...

MIGUEL   Y lo estoy. Pero de vez en cuando bajo a tie-
            rra a ver a alguna persona digna de ser vista,
            como ahora.

JOSEFINA   Anda ya.

MIGUEL   Y a invitarla al cine algún día, si ella quiere
            venir.

JOSEFINA   El cine es muy caro. ¿Qué película ponen?

MIGUEL   Una de Charlot. ¿Sabes? Yo también quiero ha-
            cer cine algún día. Escribir y dirigir películas.

JOSEFINA   *¿Hacer cine?* Eso debe ser muy difícil.

MIGUEL   Sí. Pero no hay por qué conformarse solo con
            lo fácil, ¿no?

JOSEFINA   Supongo que no... Bueno, me están esperan-
            do, tengo que irme.

MIGUEL   Espera, te acompaño un poco más.

JOSEFINA   No. Tengo que ir a casa.

MIGUEL   ¡Bueno!

JOSEFINA   No, es que vivo en el cuartel, y no quiero que
            nadie piense nada.

MIGUEL   ¡En un cuartel no hay peligro! ¿Tu padre es
            guardia civil?

JOSEFINA   Sí, ¿qué pasa?

MIGUEL   ¡Nada! Que me ha sorprendido. Debe ser una profesión muy interesante.

JOSEFINA   No sé, yo creo que sí: a él le gusta. Adiós.

MIGUEL   Adiós. ¡*Nenahermosa*!

JOSEFINA   ¡Adiós!

MIGUEL   Adiós.

JOSEFINA   Me llamo Josefina.

MIGUEL   Josefina... ¡Josefina...! ¡Josefina! ¡Josefina! ¡Josefina! ¡Josefina! Josefina mandarina. ¡Josefina me fascina! ¡Josefina me ilumina y me empecina! Josefina. Josefina. Josefina!

    (MIGUEL *transportado de su entusiasmo.*)

JOSEFINA   ¡Me lo va a gastar de tanto decirlo!

MIGUEL   ¡Josefina. Josefina! ¡Qué divina, Josefina!

JOSEFINA   ¡Está loco!

MIGUEL   ¡Josefina. Josefina. Josefina!

Orihuela. Marzo 1934.

SIJÉ   ¡Déjate de Josefinas! ¡Es bueno, muy bueno, muy bueno, es muy bueno! ¡Tu auto de fe es muy bueno! ¡Has ampliado el género! ¡Miguel, estoy emocionado, en serio! ¡A Madrid!

MIGUEL   ¿A Madrid? ¿Otra vez, a pasar hambre?

SIJÉ   ¡A Madrid, a Madrid, Bergamín te lo publica, seguro! Y ahora es distinto: hazme caso: has publicado un libro, escribes, ¡eres poeta! Nada de miedos: ¡a Madrid!

MIGUEL   ¡Sí! ¡A Madrid!

MIGUEL /SIJÉ   ¡A Madrid! ¡A Madrid! ¡A Madrid!

MIGUEL   ¡A Madrid, no! Aquí me ahogo... pero ¿y Josefina?

SIJÉ   ¡Déjate de Josefinas!

MIGUEL   ¡No puedo!

SIJÉ   ¡Anda ya! ¿La quieres mucho?

MIGUEL   No sé, estamos todo el día peleando. ¡Pero me moriré si no puedo intentar besarla cada noche!

SIJÉ   ¿Todavía no la has besado? ¡Lleváis tres meses de formales!

MIGUEL ¡Hombre! Pero le he escrito un soneto en nombre de un beso perdido.

SIJÉ   Muy hábil esa niña. ¿Así que te hace sufrir?

MIGUEL Bastante.

SIJÉ   ¡Estupendo! Así en Madrid descansarás de tanto sufrimiento. Y le escribirás preciosas cartas. ¡Hala! ¡A Madrid! ¡Y acábame ese tercer acto! ¡A Madrid! ¡Vamos, vamos!

MIGUEL ¡Eres un santurrón con prisas!

SIJÉ   Y tu un cabrero cabezón. ¡Vamos!

MIGUEL ¡Josefina, te quiero, te quiero, te quiero!

JOSEFINA También me vas a gastar esas palabras.

MIGUEL Me voy a Madrid, nena, mi morenita guapa.

JOSEFINA ¡Pero si ya has estado una vez!

MIGUEL Lo sé, pero tengo que volver.

JOSEFINA ¿Por qué? ¿Qué vas a hacer allí?

SIJÉ   El tren se va.

MIGUEL   Voy a escribir.

JOSEFINA   Pues no lo entiendo: ¿no puedes escribir aquí?

MIGUEL   Tengo que ver a gente para publicar un libro y ganar dinero.

JOSEFINA   Hasta la narices me tienes con tus libros. ¿Es que no puedes trabajar como todo el mundo?

SIJÉ   Se va el tren.

MIGUEL   Nena, no te enfades. No quiero irme a Madrid, pero a la vez sí quiero.

JOSEFINA   Parece uno de tus poemas de esos que no se entiende nada.

MIGUEL   Josefina graciosa, gruñona, guapa. Me voy. ¡Confía en mí! Te quiero, te quiero, te quiero. ¡Adiós!

JOSEFINA   Adiós.

SIJÉ   ¡Vamos!

JOSEFINA   Yo también.

MIGUEL   ¡Adiós! ¡Te quiero, te quiero, te quiero...!

           (MIGUEL, *transportado, as always, de su entusiasmo, se da de bruces con* NERUDA.)

Madrid, 1934.

MIGUEL   ¡Te quiero!

NERUDA   ¿Habla usted inglés?

MIGUEL   No.

NERUDA   ¡Pues qué desastre! ¿Es que ningún poeta en
            España habla inglés? Son ustedes peores que
            los yanquis. Disimule. Quieren endosarme a
            una venerable pero insoportable británica. Soy
            Pablo Neruda, y me alegra conocer por fin a
            Miguel Hernández. Por cierto, en inglés se
            dice *I love you.*

MIGUEL   ¡¿*Aylozyu*?!

NERUDA   I love.

MIGUEL   *Ayloz*

NERUDA   Love.

MIGUEL   *Lof.*

NERUDA   You. I love you.

MIGUEL   ¡*Aylof-iú*!

NERUDA   Eso es.

MIGUEL   ¡Gracias! ¡Y encantado! Es que me estaba
             acordando de mi novia. Pero ¿cómo sabe
             quién soy?

NERUDA   Federico me indicó su presencia antes de la
             conferencia.

MIGUEL   ¡No he podido acercarme a él todavía!

NERUDA   Ni podrá. Federico hoy está muy... *chorpaté-
             lico*, como él mismo dice.

MIGUEL   *¿Chorpatélico?*

NERUDA   Cosas suyas. ¿Pero por qué no te vienes lue-
             go con nosotros a casa? Nos reuniremos allí
             varios amigos: lo mejor –y por tanto, lo *peor*–
             de las letras madrileñas hoy en día. Y él ven-
             drá también.

MIGUEL   ¡Claro, gracias, estupendo!

NERUDA   ¿Ya se ha ido ese embajador maléfico?

MIGUEL   Creo que sí.

NERUDA   Mejor. Estos *gentlemen* son insoportables, da
             lo mismo que estén en Ceilán, Singapur o Ma-
             drid, todo es imperio. ¿Tú vienes de Orihue-
             la, no? Federico me ha hablado de ti.

MIGUEL   ¿Y qué le ha dicho? Perdón...

NERUDA   ¿Por qué? No aprendas diplomacias. Dedícate solo a la poesía. La mayoría aquí son unos elegantes sinvergüenzas: es decir: hombres *correctísimos*. No, Federico me ha hablado muy bien de ti. Me ha dicho que eras un pastor – y un poeta– muy especial.

MIGUEL   Todos querían que fuese cabrero, y ahora que soy poeta dicen que estoy como una cabra.

NERUDA   Bienvenido al rebaño. ¿Ya tienes trabajo aquí en Madrid?

MIGUEL   Todavía no. Publico alguna cosilla aquí y allá, en *Cruz y Raya* y en el *Gallo Crisis,* de Orihuela.

NERUDA   ¡Ah! ¡Todas revistas rojas, por lo que veo!

MIGUEL   ¿Eh? ¡Ah, bueno! No, sí... son católicas, pero bueno, eso no es malo ¿no?

NERUDA   No, no, sacrificado, solo. Es que a mí me puede la nariz, y esas revistas despiden un tufillo *sotánico-satánico* muy *notable*. Pero, por cierto, creo que aquella mujer te está mirando.

MIGUEL   ¿Cuál?

NERUDA   ¡No te vuelvas! Una que está detrás de ti. Yo la conozco. Es muy hermosa e inquietante. Seguro que la pobre no sabe que tienes novia...

y por la iglesia! Pero no te preocupes: yo te saco de aquí. Ven conmigo.

MIGUEL   ¡Espere, espere, espere! Yo seré – o habré sido– católico, pero Neruda es el mismo diablo.

NERUDA   ¿No querrás que te la presente?

MIGUEL   Las feministas dicen que aquello de
hombre y mujer amigos
acaban en novios o enemigos
está ya anticuado..., ¿no?

NERUDA   ¡Ah! Si es así, entonces os presento, pero que luego no digan que fui yo que anduve corrompiéndote... Miguel Hernández: poeta.

ELLA   Encantada.

NERUDA   Y he aquí a una de las mujeres más especiales de este país vuestro.

MIGUEL   ¿Tan especial que no tiene nombre?

NERUDA   Ya lo adivinarás, tal vez...

ELLA   Nunca consigo decidir si Pablo es más diplomático que poeta, o más poeta que diplomático, pero siempre es encantador. ¿Crees que me conocerás mejor si ahora te digo mi nombre?

MIGUEL   No, pero podré dirigirme a ti más fácilmente.

ELLA   Cierto. Pero no hay por qué conformarse solo con lo fácil, ¿no?

MIGUEL   Supongo que no.

ELLA   Te propongo un juego.

NERUDA   Yo os dejo con vuestros juegos y me voy a sacar a Federico de su circo de admiradores y admiradoras. ¿Lo acompañas tú a Las Flores? Nos vemos allí.

MIGUEL   ¿No íbamos a su casa?

ELLA   Su casa la llamamos la Casa de las Flores. Ya lo comprenderás.

MIGUEL   Bien. ¿Qué juego me propones?

ELLA   No es gran cosa. Tú eres poeta. Yo también escribo, de otra manera. Juguemos a no nombrarnos nunca por el nombre que nos han dado.

MIGUEL   ¿Qué sentido tendría este juego?

ELLA   Dos sentidos. Nos obligaría a inventarnos formas nuevas para llamarnos uno al otro. Así que practicaríamos nuestro arte. Y dos: el de todos los juegos: jugar...

MIGUEL   De acuerdo, acepto. Juguemos, compañera de juegos.

ELLA   Bien. Entonces, poeta, ¿acabas de llegar?

MIGUEL   Sí. De Orihuela. ¿Sabes? Tu figura me es muy familiar. Pero a la vez sé que no te he visto antes. Es una sensación que nunca había tenido.

ELLA   Yo creo que no nos hemos visto nunca. ¿Has estado en Segovia alguna vez?

MIGUEL   No.

ELLA   ¿Y qué es lo que te resulta familiar en mi persona?

MIGUEL   Todo, eso es lo extraño. Tus ojos, tus labios, tus pómulos, el cabello, la frente, el cuello y aún más, la forma en que estás, cómo te mueves. Es toda tu presencia. Perdóname, no creas que estoy intentando...

ELLA   ¿Enredarme?

MIGUEL   Sí. No es eso... es que me siento muy tranquilo contigo, como si te conociera muy bien.

ELLA   Ya. ¿Estás seguro de que no quieres enredarme?

MIGUEL   ¡Vaya pregunta! ¿A ti te gusta leer versos?

ELLA   Sí.

MIGUEL   Pues sí quiero enredarte, ¿sabes? Pero no en lo que tú, o por lo que tú piensas. A mí me gustan mucho las mujeres, pero no conozco a ninguna con la que pueda hablar *de hombre a hombre*.

ELLA   Normal.

MIGUEL   No. ¿Sabes lo que quiero decir?

ELLA   Creo que sí.

MIGUEL   Pues explícamelo.

ELLA   Puede ser que echas de menos, en la mujeres que has tratado, el poder hablar con ellas de forma inteligente, sobre tus versos, sobre la vida, la sexualidad, el amor, la política... Tal vez echas de menos una igualdad en el deseo, en su libertad, en su expresión y sentir a una compañera además de a una amante. ¿No?

MIGUEL   Empiezo a sentir no saber cómo te llamas. Así que te llamaré... ¿mi buena amiga?

ELLA   Bonito nombre.

SIJÉ   ¡Señor Neruda!

NERUDA   Dígame, señor Sijé.

SIJÉ   ¿Se da usted cuenta que fue su influencia la que corrompió a Miguel?

NERUDA   Ya estamos. ¿No te lo había dicho yo? ¿Pero no decía usted que Miguel, en Orihuela, tenía ya dentro de sí toda su personalidad poética? También tendría otras cosas. Simplemente las desarrolló.

SIJÉ   No. Tras su primera venida a la ciudad, y antes de conocerle, Miguel escribía sobre Madrid: *Nada es por voluntad de ser, por gana,* [6] *por vocación de ser. ¿Qué hacéis las cosas de Dios aquí: la nube, la manzana, el borrico, las piedras y las rosas?*

NERUDA   De esos versos no sé nada. Pero también escribió, más tarde, estos:
…Sonreídme, que voy [7]
a donde estáis vosotros los de siempre (…)
En vuestros puños quiero ver rayos
                               [contrayéndose,
quiero ver a la cólera tirándoos de las cejas,
la cólera me nubla todas las cosas dentro del
                               [corazón
sintiendo el martillazo del hambre en el ombligo,
viendo a mi hermana helarse mientras lava la
                               [ropa…
…algo le habréis hecho los católicos…

SIJÉ   No creo en los hombres que prefieren la cólera a la serenidad.

---

[6] *Silbo de afirmación en la aldea.* «Ciclo de Poemas Sueltos (II), nº 133».

[7] *Sonreídme.* «Ciclo de Poemas Sueltos (III), nº 4».

NERUDA   Yo creo que usted no cree en los hombres. Punto. Ni los acepta como son. Por eso necesita creer en algo superior.

SIJÉ   Yo *creo* que hablar de teología es algo que *supera* sus menguadas fuerzas. Así que déjelo.

NERUDA   Lo que usted diga, joven maestro.

ELLA   *(Entrando.)* ¿Pero se puede saber qué pasa aquí?

NERUDA   El cara de oveja piensa que corrompí a nuestro querido cara de papa.

ELLA   La gente habla, Pablo, que digan lo que quieran.

SIJÉ   ¿Con quién habla ahora?

NERUDA   Con alguien invisible. Con la poesía misma, otra gran corrupta.

SIJÉ   Señor Neruda, deje de hacer el payaso, por favor.

NERUDA   Este joven exige siempre que dejemos de hacer cosas... es muy curioso.

Capítulo III
Madrid.
Marzo, 1935.

MIGUEL   ¡José! Bienvenido a Madrid, ¡qué alegría verte! ¿Cómo estas? ¿Qué tal el viaje!?

SIJÉ   Hola.

MIGUEL   ¿Quién era ese?

SIJÉ   Nadie. Uno que venía en el mismo tren, un fantasma de esos de ahora, republicano de salón... y además, con una cara de cabra...

MIGUEL   ¿Tenía cara de cabra?

NERUDA   ¿Yo?

JOSEFINA   Yo creo que un poco sí, la verdad, no se lo tome a mal, como estaban siempre con lo de la cara de esto y de lo otro, pero es un poco de cabra, sí.

NERUDA   Gracias, señora.

SIJÉ   Una cara de cabra impresionante.

MIGUEL   Pues vaya una pareja que habréis hecho.

SIJÉ   Ya ves.

MIGUEL   ¿No me das un abrazo?

SIJÉ   Creí que esa expresión de cariño ya no iba contigo ahora que te has dado a la *cólera* y la *lucha*.

MIGUEL   ¡Siempre con tus prisas!

SIJÉ   ¿Para qué perder el tiempo con rodeos? He venido a ver al Miguel que yo conozco, con el que puedo hablar de todo. Si estoy con un desconocido que exige protocolo, dímelo.

MIGUEL   Ya veo que estás muy enfadado.

SIJÉ   ¡Claro que estoy muy enfadado!
            ¡Dame un abrazo! (...) Y ahora escucha: ¿has perdido la cabeza?

MIGUEL   ¿Por qué?

SIJÉ   ¡Por todo! ¿Desde cuándo incitas a los trabajadores a asesinar a sus patrones? ¿Desde cuándo te avergüenzas de escribir en *El Gallo Crisis* sin decírmelo? ¿Desde cuándo es mejor ese Neruda que Góngora o Quevedo? ¿Desde cuándo no me escribes como dios manda?

MIGUEL   Bueno, bueno..., es cierto que he cambiado.

SIJÉ   No. Te han cambiado. Tú no eres así.

MIGUEL   Bueno, ni yo mismo sé cómo soy, así que no lo vas a saber tú.

SIJÉ   ¡Claro que lo sé! Yo te veo desde fuera, y te estás equivocando.

MIGUEL   ¿Has leído de la represión de los mineros de Asturias?

SIJÉ   La solución no es incitar a la violencia.

MIGUEL   No incito a nada, es solo teatro.

SIJÉ   Pero malo, muy malo. El auto era bueno, estaba elaborado. Te costó escribirlo... Pero esto es malo, muy malo, malísimo: obvio, fácil, tendencioso, vulgar. Desprovisto de luz y de inteligencia.

MIGUEL   No sé, puede ser. Estoy empezando.

SIJÉ   ¿A qué?

MIGUEL   Hay tantas cosas más en el mundo que nuestra pequeña Orihuela y sus curas...

SIJÉ   Y Neruda te las está enseñando.

MIGUEL   ¡Y dale! ¡Siempre quieren guiarme todos , explicarme, interpretarme las cosas! Puedo aprenderlas por mi cuenta, porque hasta hoy no he hecho otra cosa. Yo no he tenido colegio, ni universidad como tú.

SIJÉ   No me vengas con lloros. A lo mejor tú tienes algo que yo no tengo y que te envidio. Pero yo no me quejo.

MIGUEL   ¿El qué?

SIJÉ   Olvídalo. Miguel, te estás dejando llevar por el camino más fácil, está desapareciendo tu persona, tu voluntad, tu lucha.

MIGUEL   ¡No entiendo por qué todo ha de ser sacrificio y sufrimiento! A ti te gusta flagelarte. A mí no.

SIJÉ   No puedes tirar por la borda todos estos años de pensamiento y de trabajo. ¡No puede estar todo equivocado!

MIGUEL   El pensamiento, la doctrina, eran tuyos. Los versos eran míos. Y la lucha no es solo con uno mismo. La justicia no la concede dios desde lo alto, hay que buscarla. Eso sí es una lucha de hombres, y no de... iluminados.

SIJÉ   ¡Yo no soy un iluminado! Pero pienso y defiendo mis razones.

MIGUEL   Y yo las mías, y por fin estoy encontrando una gente, un ambiente donde tiene sentido lo que hago, y nuevos puntos de vista para explicar tantas cosas que la doctrina católica, y este país, no quiere que se expliquen.

SIJÉ   ¿Como qué?

MIGUEL Como que el ascetismo es un concepto indi-
        vidual, pero socialmente hay que luchar por
        las cosas. Es muy fácil ser asceta teniendo di-
        nero para libros y universidades, y sin tener
        que salir a picar piedra de madrugada!

SIJÉ   ¿¡Lo dices por mí!?

MIGUEL No por ti, pero sí por tu clase, tu clase media
        rural que está en Babia.

SIJÉ   ¡Maldita sea! ¿No se te habrá ocurrido afiliar-
        te al partido comunista!?

MIGUEL ¡Qué dices! Pero si algún día decido hacerlo,
        será porque lo crea justo. Y pasaré por enci-
        ma de lo que sea. Pasaré por encima de ti si
        es necesario.

        (...)

SIJÉ   Eres el cabrero más burro que conozco.

MIGUEL Y tú el empollón más tonto que he visto nun-
        ca.

SIJÉ   Ahora vas a ser tú el iluminado.

        (*Se abrazan.*)

MIGUEL   Desde luego no paro de darle vueltas a la cabeza. O casi. Madrid no te deja parar, todo son prisas y cosas. El trabajo en Espasa escribiendo de toreros está bien, aunque me aburre. Pero esta vez he conocido a mucha gente estupenda, sobre todo a Neruda y su nueva mujer, Delia, que aunque tú no lo creas, son maravillosos... pero siento que tengo que encontrar una voz que sea solo mía, mezcla de Orihuela y de Madrid, del mundo...

SIJÉ   Ya. Dime una cosa, ¿tienes alguna *amiga* aquí, en este mundo tan fascinante?

MIGUEL   No. O sí. No lo sé.

SIJÉ   Pues vas para atrás como los cangrejos.

MIGUEL   ¡No! He conocido a una mujer maravillosa. No sabía que existieran mujeres así. A veces hasta dudo si es real, o es una imaginación mía... ¡A Josefina no puedo hablarle de mis versos! O sí puedo, pero siento que no me entiende del todo.

SIJÉ   A Josefina no necesitas hablarle de tus versos.

MIGUEL   Yo sí lo necesito. La gente está cambiando, en Orihuela no se enteran, pero aquí sí. Y ella sí me entiende. Me entiende tanto que a veces me da miedo.

SIJÉ   ¿Puedo preguntarte cómo se llama?

MIGUEL   No. No puedes. Porque no lo sé.

SIJÉ   Ya. ¿Y quieres que me lo crea?

MIGUEL   En serio; es un juego entre nosotros. No sabemos nuestros nombres.

SIJÉ   Eso es ridículo. Tú verás lo que haces. Pero te estás alejando de todos los que te quieren ¿Qué piensas hacer con Josefina?

MIGUEL   Iré a verla en agosto, cuando esté en Orihuela. Le he escrito entre líneas...

JOSEFINA[8]   *No es que me haya engañado contigo, Josefina; la que tal vez se ha engañado eres tú; esto te lo digo no como un reproche a ti, sino a mí mismo; me parece que no soy el hombre que tú necesitas. (...) Yo quisiera, Josefina, que no sufrieras tanto por mí, que te olvidaras un poquito de mí: no creo que te sea difícil. Te permito hasta que se te arrime alguien; de lo contrario veo que vas a sufrir mucho, porque vas a estar sola mientras yo no vaya, que Dios sabe cuándo será...*

NERUDA   Unas entre líneas muy claritas...

ELLA   Calla...

MIGUEL   ¡Josefina!

---

[8] *Prosas y correspondencias (Vol. III)*. «1935. A Josefina Manresa, nº 13 (Primeros de Julio de 1935)».

(Al acercarse le da la mano.)

JOSEFINA   ¿Ya no me quieres?

MIGUEL   Mujer, sí que te quiero. Pero no pienso casarme.

JOSEFINA   Pues entonces te pido que me devuelvas mis cartas y las fotografías. Envíamelas a casa. Adiós.

MIGUEL   ¡Espera, mujer, Josefina!

JOSEFINA   No intentes verme más. Adiós.

MIGUEL   ¡Espera!

JOSEFINA   ¿Qué hay que esperar? Ya está todo dicho. Y lo que no se ha dicho, mejor será que no se diga, ¿no te parece?

MIGUEL   ¿Así, sin más?

JOSEFINA   Yo no sé quién te piensas que soy yo, ni lo que soy capaz de hacer. Pero creo que estás muy equivocado. No sé a quién tendrás por ahí, ni quiero saberlo. Si prefieres a alguien que sepa de versos y esas cosas, allá tú. De mí ya sabes lo que hay. Yo te he querido y te quiero, pero no voy a andar a tus expensas como una tonta. Adiós.

NERUDA   Pues, carácter sí que tenía.

ELLA   Era la pieza que encajaba en el hueco de Miguel. Un hueco que no era suyo, y a la vez lo definía.

NERUDA   ¡Pero qué bonito!

ELLA   Serás idiota.

NERUDA   Perdón, bueno: y luego Miguel se fue a ver el mar.

MIGUEL[9]   *Mis ojos, sin tus ojos, no son ojos,*
que son dos hormigueros solitarios,
y son mis manos sin las tuyas varios
intratables espinos a manojos.

No me encuentro los labios sin tus rojos,
que me llenan de dulces campanarios,
sin ti mis pensamientos son calvarios
criando cardos y agostando hinojos.

No sé qué es de mi oreja sin tu acento,
ni hacia qué polo yerro sin tu estrella,
y mi voz sin tu trato se afemina.

Los olores persigo de tu viento
y la olvidada imagen de tu huella,
que en ti principia, amor, y en mí termina.
Bueno, no es gran cosa. Tampoco está mal.

---

[9] *Mis ojos sin tus ojos no son ojos.* «Poemas Sueltos (II) (7, Imagen de tu huella), n° 253».

ELLA   ¿Para quién lo has escrito?

MIGUEL   Para una mujer que no existe, creo. Solo sé
              todo de ella, pero no puedo nombrarla.

ELLA   ¿Lo sabes todo de ella, en serio?

MIGUEL   Lo más importante al menos.

ELLA   ¿Y qué es?

MIGUEL   Que no me necesita. Ni a mí ni a nadie. Es au-
              tosuficiente. Y una gran mentirosa. Pero la
              quiero.

ELLA   ¿Y qué nombre le pondrías hoy a esa arpía?

MIGUEL   Poesía.

ELLA   Tonto. Mira el mar.

MIGUEL   Me lo estoy bebiendo. Me hará falta.

ELLA   Vuelves a Madrid.

MIGUEL   Si. Treinta toreros me esperan para que los sa-
              que en andas.

ELLA   ¿Te has cansado de escribir versos?

MIGUEL   ¿Yo? No. Apenas he empezado. Pero es bueno
              saber con quien tienes que vértelas. Hace años

mi mejor amigo me preguntó por qué escribía versos. Y todavía no he podido responderle.

ELLA   Yo creo que la poesía no está lejos de la filosofía. Ambas juegan con las palabras y las ideas, buscando un orden.

MIGUEL   Para mi, escribir a veces es sublime como un mar, y a veces un trabajo cualquiera como limpiar boñiga de un corral. Pero lo que más me gusta es sentir que voy puliendo mis armas de trabajo. Como un leñador cuida su hacha, yo voy puliendo la madera de mi palabra, para que me responda, para sentirla suave bajo la palma. Y con ella construyo cosas, estructuras, torres y edificios. Pero de palabras.

ELLA   Y de ideas. Por cierto, eso del leñador creo que se lo he oído a Neruda también.

MIGUEL   ¡Qué mala eres! Te odio.

ELLA   ¿Y cómo está Sijé? Últimamente no andabais muy bien, te oí decir.

MIGUEL   Lo encuentro demasiado intolerante. Siempre me ha dado miedo esa prisa ardiente que lleva en la sangre. Parece que el tiempo se le escapa. Supongo que él piensa que yo también me he vuelto intransigente, y comunista incluso. A veces uno se muestra más obcecado justo con la gente que quiere, no se por qué... pero últimamente no lo aguanto.

ELLA   ¿Y Josefina?

MIGUEL   ¿Y este interrogatorio?

ELLA   Intento beberte también. Como tú al mar. Con tus pescados y tus erizos dentro. Me hará falta.

MIGUEL   Mentirosa. Tú tienes demasiadas distracciones allí donde estás como para pensar en mí.

ELLA   Tú me distraes de las distracciones y me devuelves siempre a lo principal.

MIGUEL   No puedo contigo. De Josefina no sé nada. Se acabó nuestra relación. Ella solo entiende lo de...

ELLA   ...*Hombre y mujer amigos, o acaban novios o enemigos*, ya lo sé, me lo dijiste. ¿Y tú?

MIGUEL   Yo ya no sé nada. Todo está patas arriba. Me siento como un papel en blanco. Todo lo que tenía se ha borrado. Ya no sé nada, salvo cuatro cosas, y una de ellas es solo este azul y esta luz del mar, y de las islas. Pero de todas formas, tú y yo no somos amigos. Solo estamos jugando a un juego, ¿no? Así que no hay peligro.

ELLA   Siempre hay peligro, es lo mejor del juego.

MIGUEL   ¿Y tú a dónde irás?

ELLA — Como siempre volveré a mi *circunstancia*, a mis meditabundos paisajes, a mis palabras de colores... pero pasaré pronto por Madrid. Te avisaré.

MIGUEL — Eso no me vale. Tú sabes dónde estoy. ¿Dónde te puedo llamar yo, compañera?

ELLA — No me puedes llamar, poeta mío, ¿no te acuerdas?

MIGUEL — Entonces vente conmigo para que no tenga que llamarte.

ELLA — No puedo.

MIGUEL — Este juego empieza a tornarse un solitario.

ELLA — ¿Por qué dices eso?

MIGUEL — No sé si puedo estar a tus expensas como un tonto.

ELLA — Creo que ese verso no me gusta.

MIGUEL — A mí tampoco, pero a lo mejor no es cuestión de las palabras.

PABLO[10] — (...)
Vuela un presentimiento de heridas sobre todos,
llega una tempestad atronadora

---

[10] *Alba de hachas.* «Poemas Sueltos (III), nº 3».

> *de ceños como yugos peligrosos,*
> *se aproximan miradas catastróficas,*
> *pies desbocados, manos encrespadas,*
> *hachas amanecidas goteando relente.*
> *Vienen talando, golpeando, ansiando...*

JOSEFINA   Perdone, perdone, señor embajador.

PABLO   ¿Sí? Dígame, Josefina.

JOSEFINA   ¿Eso que está recitando lo escribió también mi marido?

PABLO   Sí, señora.

JOSEFINA   Pues no me gusta. ¿No? No me parece que tengan buen sonido esos versos, ¿a usted qué le parece?

SIJÉ   ¡Ja! A ver, Neruda, responda.

PABLO   Hombre... mujer..., la situación era muy difícil entonces, así que los versos también salían difíciles.

SIJÉ   Patético. No le hagas caso, Josefina, esos versos sonaban mal, y olían peor.

JOSEFINA   Yo no sé. Claro, a lo mejor el embajador tiene razón, pero es que a mí... alguno de los que me escribió, sabe, de los últimos, eran también en situaciones difíciles, muy difíciles, pero esos sí que eran hermosos, y todo el mundo lo dice.

PABLO   Ya. Su hombre era mucho hombre, Josefina. Era un gran poeta y siempre estaba aprendiendo y probando cosas nuevas. Y eso es lo principal. Aunque algunos quisieran ponerle reglas a la curiosidad.

SIJÉ   Pecado original, como cualquiera sabe.

JOSEFINA   Sí, sí. Pero dígame, señor Neruda.

SIJÉ   Josefina, pregúntame a mí las cosas de Miguel, ¡no a este arribista!

JOSEFINA   Pero Pepito, es que tú falleciste mucho antes. El embajador vivió hasta mil novecientos sesenta..., setenta..., ¿Cuándo falleció usted?

NERUDA   El veintitrés de septiembre de mil novecientos setenta y tres. Me acuerdo como si fuera ayer.

JOSEFINA   ¿Ves? El sabe mucho más de lo que pasó luego, y por el extranjero, que tú, que te fuiste... en el treinta y cinco. Y como aquí en España no se podía saber nada, porque no estaba bien visto, pues por eso le pregunto.

SIJÉ   Santa paciencia.

JOSEFINA   Dígame: ¿es cierto que Miguel, luego, por ahí fuera, fue de verdad tan importante como dicen?

PABLO   ¡Sí! Para mucha gente lo sigue siendo. Hay universidades, calles, plazas con su nombre.

JOSEFINA   Ya, ya, claro. Si ya lo sabía, pero nunca tuve mucho tiempo para viajar.

PABLO   Claro.

JOSEFINA   Pero perdón, le he interrumpido, siga, siga.

SIJÉ   Adelante, siga con su obra corruptora, Neruda.

PABLO   ¿Sabe lo que le digo, Sijé? A Miguel lo *corrompió* su propia poesía. Porque la poesía verdadera... – usted no lo sabe porque como poeta es un cero a la izquierda– . La poesía, aunque es una gran comediante, no lo deja a uno en paz con sus propias mentiras. Y así no hay manera. Así acabamos todos más *corruptos*, es decir, menos *correctos,* que Judas –que aparte de todo es de las pocas figuras verdaderas y humanas en toda esa leyenda–. Y eso es lo que a usted le duele.

SIJÉ   No me impresiona. La verdad es un ejercicio de fe.

NERUDA   Será posible. Bueno: pues luego Miguel volvió a Madrid.

MIGUEL   ¡Pablo, Pablo! León Felipe nos ha invitado a un acto organizado por las FAI.

PABLO   ¡Qué horror! Menos mal que oficialmente yo no puedo ir.

MIGUEL   ¿Por qué? Creí que admirabas a los anarquistas.

PABLO   En poesía sí.

MIGUEL   Pero son las fuerzas más libres y renovadoras de este país.

PABLO   Sí. Lo van a pintar todo de rojo y negro y va a quedar precioso.

MIGUEL   No te entiendo.

PABLO   Los anarquistas son encantadores, generalmente. Como individuos. Muy pintorescos. Pero, por su misma esencia, no saben, ni quieren organizarse. ¿Por qué perdió la izquierda las últimas elecciones? ¿Por qué está la derecha hoy en el gobierno? Por la abstención de la CNT, enfurruñada. Y ahora, o se consigue la unión de las fuerzas en ese Frente Popular, o no se yo que pasará en las próximas. Y les va a costar a los comunistas controlarlos.

MIGUEL   Pero en Asturias la CNT ha conseguido una movilización como nunca antes.

PABLO   Sí, porque se unieron a la UGT, y aún así lo único que han conseguido es dar armas al gobierno de Lerroux para paralizar la Reforma Agraria y retroceder. No, Miguel, hay que organizarse. En estos momentos en tu país la situación es mucho más delicada de lo que te imaginas. Hay que ir con mucho cuidado y escoger un camino. Yo mismo me encuentro en esa encrucijada.

MIGUEL   ¿Te vas a afiliar al Partido Comunista?

PABLO   Es posible. Son los únicos que parecen capaces de organizarse para luchar por algunas ideas progresistas.

MIGUEL   Ya.

PABLO   Pero no te preocupes. Y no me tomes como ejemplo o tu amigo Sijé dirá que te corrompo.

MIGUEL   ¡Cojones! ¡Sijé tampoco es mi padre!

PABLO   Lo siento.

MIGUEL   Hace mucho que no lo veo ni le hablo. Es más terco que una mula. Aunque a lo mejor yo lo soy más. Tengo una carta hace un mes sin responder, pero mi mejor amigo ahora me resulta un extraño, quiero hablar con él; él era el único que creía en mis posibilidades como poeta cuando estaba todavía con las cabras. Era más cabezón. Sin él no estaría yo aquí, pero no consigo superar la brecha que se está abriendo entre nosotros.

PABLO   Perdóname, Miguel, era una broma.

MIGUEL   Lo siento, yo también. Te hice caso y no he aprendido diplomacia. Pero tampoco nada más, por lo visto.

PABLO   ¿Qué te preocupa?

MIGUEL   Todo, y nada. Esta vida aquí en Madrid, ¿para qué sirve? Creo que estoy como el ruiseñor que se te murió, Pablo, en una jaula y no me hallo. Cada día reconozco que aquí no somos más que mentirosos, envidiosos e idiotas, y no lo digo por ti. Soy yo el primero. Estoy desalentado, inquieto, triste... ¡No sé...! Pablo, quiero que algo me suceda, algo grande,
o tal vez deba irme a mi tierra,
donde conozco al sol y a las ovejas...
Me construiría un huerto allí,
con corral y con higueras,
volvería a mis amigos,
a la distancia y la sierra...

PABLO   A ti no te pasa nada; Miguel.

MIGUEL   ¿No?

PABLO   Solo te hace falta una buena compañera, y tiempo.

MIGUEL   Tú eres un sabio. Y yo el más burro de los cabreros. Tal vez nunca he sabido ver nada, aunque lo tuviera delante.

ELLA   ¡Miguel!

MIGUEL   ¿Qué haces aquí?

ELLA   Me dijeron que estarías aquí. Traigo malas no-
ticias. Ha salido en un periódico. Tu amigo
Ramón Sijé ha muerto.

Capítulo IV
Guerra.
Madrid, noviembre 1936.

SIJÉ[11]   *No perdono a la muerte enamorada*
no perdono a la vida desatenta,
no perdono a la tierra ni a la nada.
A las pálidas almas de la rosas
del almendro de nata te requiero,
que tenemos que hablar de muchas cosas,
compañero del alma, compañero.

JOSEFINA   Y entonces el viento de la guerra se lo llevó
todo por delante, mezclando las cosas en una
gran confusión. Miguel, todavía triste por la
muerte de Pepito Marín, su amigo, escribió a
mi padre cinco meses antes de la rebelión mi-
litar, en febrero del 36...

MIGUEL[12]   *(...) Yo le agradecería que usted viera si es posi-*
ble hacer lo que sería mi mayor deseo que hicie-
ra, y es esto: si cree que Josefina todavía puede
tenerme algún afecto y no está comprometida con
ningún otro hombre, vea la manera de hablarle

---

[11] *Elegía.* «El rayo que no cesa. nº 29».

[12] *Prosas y correspondencias (Vol. III).* 1936. «A Manuel Manresa (Madrid, 1 de febrero de 1936)».

sencillamente y decirle si está dispuesta a con-
tinuar su amistad de mujer conmigo...

JOSEFINA   Luego me escribió a mí. Y nos reconciliamos.
Yo no había dejado de quererle, aunque sen-
tía mucho que hubiera habido esa mancha en
nuestro amor. Él decía que así estábamos más
seguros de nuestro cariño. A partir de entonces empezaron sus cartas afirmativas y de mucho entusiasmo, con los encabezamientos que
en vez del lugar en que estuviera, ponía «lo-
cura», «amor» y «querer».

MIGUEL[13]   *El palomar de las cartas*
abre su imposible vuelo
desde las trémulas mesas
donde se apoya el recuerdo,
la gravedad de la ausencia,
el corazón, el silencio.
Oigo un latido de cartas
navegando hacia su centro.
Donde voy, con las mujeres
y con los hombres me encuentro,
malheridos por la ausencia
desgastados por el tiempo.

Aunque bajo la tierra
mi amante cuerpo esté,
escríbeme a la tierra,
que yo te escribiré...

---

[13] *Carta.* «El hombre acecha. n° 10».

PABLO   El tiempo y la vida van haciendo su trabajo, no hay duda. Ahora tienes voz, y es solo tuya, Miguel.

MIGUEL   Y sin embargo no fui capaz de hablar con Ramón Sijé. Me guardé la última carta. ¿Tú crees que las palabras sirven para algo?

PABLO   Hace tiempo yo creía que las palabras vivían por sí mismas, y que eran unas grandes embaucadoras. Palabras, palabras, palabras... Pero hoy creo que solo son portadoras de contenidos que sí importan y por los que hay que luchar.

MIGUEL   Me voy.

PABLO   ¿Vuelves a las trincheras?

MIGUEL   No. Se ve que se dieron cuenta que cavar no era lo mío. Ahora estoy en Alcalá de Henares, en el batallón de El Campesino, como comisario de cultura. ¡Tengo que enardecer a las tropas! Y ya tengo mi carnet. Y una sorpresa...

PABLO   Yo tengo otra: parto esta noche para Valencia, y de ahí a París.

MIGUEL   ¿Te vas?

PABLO   Sí. Me reclaman en Francia. Tengo que ir.

MIGUEL   Vaya... Te voy a echar mucho de menos.

PABLO   No te va a quedar tiempo. ¿Encontraste com-
        pañera?

MIGUEL Sí. Esa era mi sorpresa. Volví con mi novia que
        tenía en Orihuela. Estoy feliz, aunque ella tie-
        ne mucho *caráiter*, como dicen allí.

PABLO   ¿Josefina, se llamaba?

MIGUEL Sí. Nos casamos dentro de muy poco, en cuan-
        to puede ir a verla.

PABLO   Me alegro mucho por vosotros. Miguel. Lo de
        hoy es solo un hasta pronto. Estoy seguro de
        que nos volveremos a ver. Lucharé con voso-
        tros desde lejos. Yo dejo aquí parte de mi co-
        razón, ¿sabés? Y también todas mis máscaras,
        y mis libros, no dejes que los italianos ni los
        moros de Franco toquen nada.

MIGUEL Seré tajante con mis estrofas.

PABLO   Hasta pronto. Y recuerda: se dice *I love you*.

MIGUEL Hasta pronto. Cuídate mucho, Pablo.

Orihuela. Septiembre 1937.

Canción[14]
Hablo y el corazón me sale en el aliento.
Si no hablara lo mucho que quiero me ahogaría.

> *Con espliego y resinas perfumo tu aposento.*
> *Tú eres el alba, esposa. Yo soy el mediodía. (...)*

JOSEFINA   *(Cantando.)*
> *...de uno en uno nacemos, lo quiere dios,*
> *para que nos amemos, de dos en dos.*

MIGUEL   ¡Josefina!

JOSEFINA   ¡Miguel!

MIGUEL   Vengo solo de paso, por esta noche. Un camión me ha dejado a pocos kilómetros y he venido andando.

JOSEFINA   Miguel...

MIGUEL   ¿Cómo estás, esposa Josefina, guapa, morena, bonita?

JOSEFINA   Miguel...

MIGUEL   Ahora la que me va a gastar el nombre eres tú.

JOSEFINA   ¡Es verdad! ¿Te acuerdas lo loco que estabas?

MIGUEL   ¿Yo? No. Yo nunca he estado más loco que ahora, por mi morenita guapa. ¿Y nuestro niño?

---

[14]   *Hijo de la luz y de la sombra.* «Cancionero y Romancero de Ausencias. nº 61».

JOSEFINA   Ahí anda, hoy ha estado muy tranquilo, pero ya se mueve que da gusto.

MIGUEL   A ver, sí, sí, y además canta: ¡está cantando!

JOSEFINA   ¡Qué dices!

MIGUEL   En serio, está cantando, a ver..., sí..., lo oigo a través de la barriga... dice:
de uno en uno nacemos, lo quiere dios
para que nos amemos de...¡seis en seis...!,
¡pero este niño va a ser un ácrata!

JOSEFINA   Tonto. ¿Qué es un ácrata?

MIGUEL   Uno que quema a los curas y los conventos.

JOSEFINA   ¡Miguel!

MIGUEL   ¡Perdón! Te juro que no he quemado todavía a ningún cura, aunque le quemé el otro día a una monja la sagrada cofia!

JOSEFINA   Qué pesado. ¿Has corrido peligro?

MIGUEL   No. Ni lo correré. Ahora vuelvo a Madrid, pero a una zona muy tranquila, donde no pasa nada de nada. Estamos todo el día en una piscina, tocándonos el mondongo.

JOSEFINA   Ya, pero dicen que ahora que Franco ha llegado al mar, entrar en Madrid le será más fácil.

MIGUEL   Que lo intente ese canijo retaco.

JOSEFINA   En serio, Miguel, podemos perder la guerra. ¿Qué haremos entonces?

MIGUEL   ¡Ganaremos! No puede ser de otra manera. El pueblo no permitirá que lo atropellen esos cerdos. No te preocupes, Josefina, todo irá bien. Ven, venid, tengo una cosa que deciros a los dos, pero en secreto.

SIJÉ   Escuche, cara de cabra, escuche: «Canción de la ametralladora», Miguel Hernández:
(...) «*Acaricio su lomo,*[15]
de humeante crueldad.
Su mirada de cráter,
su pasión de volcán...».
¿¡Ve!? Es imposible, Neruda:
No se puede decir: *¡ay cigüeña que picas*
en el viento del mal
fieramente, anhelando
su exterminio total!
¡Por favor! Es horrible, y es todo culpa suya!

NERUDA   No. Es culpa de la guerra. Había que hacer propaganda de las armas republicanas. En su bando también se escribían cosas así.

SIJÉ   ¡¡Yo no tengo bando!! ¡El individuo no puede transigir con determinadas exigencias de *los bandos!*

---

[15] *Canción de la ametralladora.* «Poemas sueltos (IV). nº 10».

NERUDA   ¿Y en épocas de excepción?

SIJÉ   ¡Ahí menos que nunca!

NERUDA   O es usted un santo, o un ingenuo.

Madrid. Julio 1938.

ELLA   Toda tu casa está destrozada.

PABLO   Sí. Se han llevado mi frac, mis máscaras, mis cuchillos orientales pero todo lo demás está en su sitio.

ELLA   La guerra es tan caprichosa como los sueños.

PABLO   Aquí está, fiel a su palabra y puntual.

ELLA   Hola.

MIGUEL   Hola, compañera. ¡Pablo! ¡Que alegría verte! ¡Qué alegría veros a los dos! Si no fuera por este poquito de metralla, parecería que nada había cambiado.

NERUDA   ¡Miguel! ¿Cómo estás? Del color de la tierra de España te veo.

MIGUEL   Viajado, requemado, casado, parido, embarazado e ilusionado, cansado y contento de veros.

NERUDA   Toda una vida en dos años.

MIGUEL   La guerra es una mala puta. Te consume y luego se la lleva otro. ¿Y vosotros, cómo estáis?

ELLA   Yo a punto de partir. A Chile. ¿Te vienes?

MIGUEL   No. Ya sé que soy ingenuo, pero todavía confío en que podemos ganar.

NERUDA   Miguel, si quieres quedarte hasta el final, hazlo. Yo también lo haría. Pero no cometas el error de abrigar falsas esperanzas.

MIGUEL   A veces pienso que ese es mi trabajo.

NERUDA   Bien. Pero escúchame: si las cosas fueran mal —e irán— no te quedes en España, los que han hecho lo que tú serán los más perseguidos. Habla con mi embajada, su nuevo ocupante tiene que atenderte.

MIGUEL   ¡Parecéis pájaros de mal agüero!

NERUDA   Sí. Pero somos ruiseñores, ya lo sabes.

MIGUEL   Bueno. Gracias, Pablo. No por mí, pero ahora tengo polluelos.

NERUDA   No lo olvides. Por favor. Voy a ver si encuentro mis papeles.

(*Sale* NERUDA.)

MIGUEL   ¿Qué has hecho todo este tiempo?

ELLA   No tanto como tú. Acabé unas cosas, empecé otras, enseño, trabajo, pienso... Y en esta época tan dura eso parece un lujo innecesario.

MIGUEL   Si piensas lo correcto, no. ¡Era una broma!

ELLA   ¡Sigues igual! Me habías asustado... he leído cosas tuyas en revistas. y en opinión de muchos, sobre todo tu amigo Altolaguirre, son demasiado panfletarios. Tanto que dejan de ser poemas.

MIGUEL   Lo sé, me lo ha dicho él mismo, y es muy posible que sea cierto.

ELLA   Tú no eres como esos versos. Miguel, ¡no te traiciones!

MIGUEL   Yo era sincero cuando los escribía. Y no me arrepiento.

ELLA   Lo sé, y eso es lo que me asusta de esta guerra. La razón pura ya no basta para descubrir los caminos. No basta con decir: *era necesario*. Cada vez pienso más en una razón poética, apasionada, que pertenece solo a cada persona, sin tribus ni consignas. Y esa razón hay que descubrirla, y seguirla hasta el fin, solo así el individuo le da sentido a la sociedad.

MIGUEL   Sigues tan independiente... Yo ahora estoy escribiendo de otra forma. Y también estoy cansado de luchas, de consignas y palabras.

ELLA   ¿Y de vivir?

MIGUEL   ¡No! Solo de vivir no estoy cansado. Lo que ocurre es que no puedo dejar de escribir versos. Y no se por qué, pero si no escribiera, nada tendría sentido.

ELLA   Tú has nacido para buscar sentidos. No te rindas.

MIGUEL   Espera que lo apunto... perdón. Ya te dije que estoy cansado de tener que poner en palabras lo que no entiendo.

ELLA   Bueno, ¿cómo es tu hijo?

MIGUEL   Tiene seis meses, y es lo más grande que me ha ocurrido nunca. A su madre he acabado por quererla como a él. Nos casamos por lo civil hace año y medio.

ELLA   Me alegro mucho por ti, poeta.

MIGUEL   Y tú, ¿estás muy sola?

ELLA   ¿Yo? Yo nunca estoy sola, ya lo sabes.

MIGUEL   Sí. Y a la vez siempre lo estás.

ELLA   Soy bruja.

MIGUEL   Lagarto, lagarto.

ELLA   Cada uno tiene su razón, y ha de seguirla, ya
             lo sabes. Tú a tu poesía, yo a mi filosofía.

MIGUEL   Te prometo intentar no volver a escribir nin-
             gún panfleto, amiga mía.

NERUDA   *(Leyendo)*[16]
             «español, al rescate
             de todo lo perdido.
             ¡Venceré! has de gritar sobre cada momento
             para no ser vencido...».

ELLA   ¡Muy oportuno, Pablo!

NERUDA   Sí, parece que no es el momento pero a mí me
             gusta. Vámonos.

MIGUEL   ¿Y tus papeles y tus libros?

NERUDA   Nada. Solo me llevo este. Me voy como he ve-
             nido. Una parte de mi vida se muere en esta
             casa. Andando.

---

[16] *Euzkadi.* «Viento del pueblo. nº 24».

Capítulo V
Cárcel

JOSEFINA   Pero Miguel no anduvo. En vez de ponerse
a salvo cuando acabó la guerra, vino a bus-
carme, a mí y a su segundo hijo, Manuel Miguel, porque el primero había muerto de una
afección intestinal, o infección, que nunca
he sabido si son lo mismo. Algunos luego dijeron que aquel médico no era bueno, claro
que entonces no estaba la sanidad como ahora, y había más miseria y más ignorancia,
pero a mi me quedó la duda siempre. Bueno,
digo que vino a Cox, el pueblo donde yo estaba cuando se perdió la guerra –y digo *perdió* por Miguel, porque yo, la verdad, a Franco, luego, pues no lo vi tan mal como decía
él, aunque un poco retaco sí que era–. Y cuando vio lo que pasaba en el país, y el miedo que
había, intentó escaparse por el peor paso, por
Portugal, fíjate, donde al otro lado estaba *Sa-
lazar*, que era otro amigo dictador del nuestro, pero peor. Y lo cogieron por donde Rosal de la Frontera, y luego lo enviaron a una
cárcel que se llamaba Torrijos, de Madrid,
porque en las prisiones militares no cabían
ya los presos, y allí estuvo cuatro meses, y
luego salió, y con los años se pelearon mucho los que estudiaban a mi marido, como

si fuera un insecto porque nadie sabía bien por qué lo soltaron.

SIJÉ   Lo soltaron porque medió el director de la editorial donde trabajó Miguel, mostrando el Auto de Fe que había escrito cuando estaba conmigo, en Orihuela.

NERUDA No, señor Sijé. Todo parece indicar que fue por unas gestiones que hicimos en París la mujer de Alberti y yo, con un cardenal francés al que le pedimos que intercediera.

SIJÉ   Eso querría usted, para apuntarse otro tanto. Pero realmente usted no hizo nada por ayudarle, ni a él ni a su familia, salvo escribir versos.

NERUDA ¡Eso no es cierto! Lo soltaron porque María Teresa León y yo hablamos con monseñor Baudrillart.

SIJÉ   ¡Tonterías! Fue por reconocimiento a su trayectoria católica...

NERUDA ¡¿Qué trayectoria católica, señor Sijé?! ¡Qué estupidez! Miguel se hizo comunista durante la guerra.

SIJÉ   ¡No es verdad! ¡Nunca se encontró su carnet del Partido! ¿No es cierto, Josefina?

NERUDA ¡Y si lo soltaron fue porque nosotros nos mantenemos unidos!

SIJÉ   ¡Fue porque también en ese gobierno había hombres de buena voluntad!

JOSEFINA   No. No, no fue por nada de eso. Fue porque del puesto de policía de El Rosal mandaron su expediente al Estado Mayor, pero no a la prisión de Torrijos... claro: es que entonces no había fotocopias, y mientras los señores militares preparaban el consejo de guerra, los de la cárcel, que era civil, lo soltaron, y cuando los soldados fueron a por él para que fuera al juicio, pues en la prisión les dijeron, «uy, pero si ya no está. Lo hemos soltado, porque todos decían que era buena persona», y se quedaron tan panchos, y menos mal, porque en esa salida pudo tocarle los dientes que le habían salido a su hijo, y pasarme parte del manuscrito de su último libro, el *Cancionero*, con muchos poemas para él, y para mí, y que todos dicen que era el mejor. Fue solo por eso, papeleo.

ELLA   Pero entonces, en vez de huir de España, como todos le aconsejaron, Miguel volvió a por su mujer y su hijo. Y lo detuvieron en Orihuela, gentes que sí lo conocían...

JOSEFINA   Lo habían condenado a muerte. Pero unos amigos suyos consiguieron la reducción a treinta años... e incluso dicen que le ofrecieron el indulto si se adhería al nuevo régimen.

ELLA   Miguel enfermó en la prisión de Palencia, pero la tuberculosis aguda le estalló en la de Alicante, en noviembre del cuarenta y uno.

Capítulo VI
Final

Reformatorio de Adultos de Alicante. Pesadilla.
4 Marzo 1942.

MIGUEL ¡Pablo, Pablo! Mira. He escrito este poema para ti. Léelo. Es sobre Franco. Se titula: *Desde mi altura.*

NERUDA ¡Pero Miguel, ¿te vas a poner ahora a escribirle loas a Franco?

MIGUEL Es que así puedo estar con mi hijo.

NERUDA No, Miguel, no... No puedes hacer eso, ¿no lo comprendes?

MIGUEL ¿Por qué no?

NERUDA ¿A ti te gustaría ser un cobarde?

MIGUEL ¡No, Pablo, no lo has entendido! Precisamente el miedo a que me llamen cobarde es lo que me impide cuidar y defender a mi hijo. Hay que ser un valiente para saber escoger el valor que hace más falta.

NERUDA No te reconozco, Miguel. ¿Vas a tirar todos tus años de lucha, y todos tus poemas por la borda?

MIGUEL Flotarán los que valgan, y los que no que se hundan. Yo fui sincero al escribirlos. Ahora soy sincero al vivir. Necesito vivir, Pablo. Más que nadie. Necesito alzar a mi hijo y explicarle muchas cosas. Y si tengo que escribir loas al más canijo de los hombres, las escribo. Ya encontraré el medio de seguir diciendo lo que pienso.

NERUDA Tú verás lo que haces. Piensa y decide. Pero tú no eres tú. Tú eres un símbolo. Si te rindes, contigo se rinde toda una manera de ver el mundo... y *tú* no puedes hacer eso.

(*Sale.*)

SIJÉ ¡Claro que puede, cara de cabra! Eso se llama resignación. ¡Muy bien, Miguel! Estaba seguro de que volverías, ¿se lo has dicho ya al vicario?

MIGUEL ¡Ramón! Santurrón, que alegría verte. Mira, para ti he escrito este otro poema. Es sobre la guerra. Se llama: *Hasta dios tenía un bando, me cago en dios.* Hay que escoger, Ramón. No puedo aceptar lo que me propone el vicario.

SIJÉ ¡Pero si acabas de decirle a Neruda que aceptabas!

MIGUEL   ¡No! ¡No! ¡Tú estás soñando! ¡Neruda está en París, salvando exiliados! Y yo me muero por salir de aquí, pero no podría fingir con esta gente. Prefiero morirme antes que aceptar una sola de sus ideas.

SIJÉ   ¡No, no, no! Eso es absurdo, Miguel. Nadie tiene toda la razón. Tú también has ido demasiado lejos. Pero debes resignarte a la derrota y empezar a construir en la nueva circunstancia, junto a la gente que te necesita.

MIGUEL   ¿Lo dices por mi mujer y mi hijo?

SIJÉ   Por ejemplo.

MIGUEL   ¿¡Pero a qué precio quieres que haga eso!? ¿Qué crees que le podría explicar a mi hijo cuando crezca? A lo mejor no puedo dejarle nada, pero esa nada es más hermosa que cualquier todo.

SIJÉ   Eso son palabras, Miguel.

MIGUEL   ¿Y qué? Las que me han traído hasta aquí. Las que me han enseñado a pensar. Las que tú querías que dominase. Le dejaré palabras. Pero de las que significan cosas.

SIJÉ   Tú sabes que no valen nada comparadas con una presencia.

MIGUEL   ¿¡Pero y qué quieres que haga!?

SIJÉ   Que pienses y decidas.

            (*Sale.*)

MIGUEL   ¡Que piense y decida! Amiga, amiga, amiga...
            ven: ¿cómo te llamas?

ELLA   No puedo decírtelo, Miguel: nuestro juego
            perdería su sentido.

MIGUEL   Estoy harto de juegos de palabras.

ELLA   ¿Pero no era eso lo que querías dejarle a tu
            hijo?

MIGUEL   No... yo quiero dejarle tantas cosas... montes,
            risas, frutas y un camino, pero ya no sé po-
            nerles nombre.

ELLA   Si no te rindes, Miguel, encontraremos algún
            nombre, pero tienes que decidirte y ser con-
            secuente.

            (*Sale.*)

MIGUEL   No te vayas, no quiero decidirme, no te va-
            yas.

JOSEFINA   Estoy aquí. Estoy aquí...

MIGUEL   ¡Josefina!

JOSEFINA   ¿A qué no quieres decidirte?

MIGUEL   Nada... los sueños acuden a la fiebre... Josefina guapa...

JOSEFINA   Sigues ardiendo.

MIGUEL   Me da fiebre comer. Dile a tu tía que prefiero las magdalenas poco dulces.

JOSEFINA   Se lo diré, y mañana te las traigo. El padre Vendrell me ha dicho que has aceptado que celebremos la ceremonia mañana.

MIGUEL   Eso le he dicho.

JOSEFINA   ¿Es por voluntad tuya?

MIGUEL   No. Pero creo que no me queda otro remedio.

JOSEFINA   No hables así.

MIGUEL   Lo que para mí es una gran pena, para ti es una alegría, pero no importa, morenita guapa. Es una excusa para verte, aunque sea en nuestra boda.

JOSEFINA   Miguel...

MIGUEL   Ya ves, a estas alturas somos todavía una pareja de tórtolos.

JOSEFINA   Miguel, si tú no quieres, yo tampoco.

MIGUEL   Lo que yo más quiero es a esta niña hermosa.

JOSEFINA   Tengo que irme. Pero recuerda lo que te he dicho.

MIGUEL   Adiós, Josefina. ¿Sabes lo que voy a hacer esta tarde?

JOSEFINA   ¿El qué?

MIGUEL   Acordarme de lo que me has dicho y soñar contigo. Dale muchos besos a Manolillo. Muchos.

JOSEFINA   Se los daré. Hasta mañana.

SIJÉ   Miguel.

MIGUEL   ¿Otra vez estás de vuelta? Te veo insistente, o tal vez es que no me queda mucho tiempo. Pero no me dejas en paz con tus prisas.

SIJÉ   Pues no. Y no he venido solo.

NERUDA   Hola, Miguel.

ELLA   Hola, poeta.

MIGUEL   Vaya, mis tres fantasmas preferidos. Hoy quería soñar con Josefina pero habéis venido para que me decida, supongo.

SIJÉ   No. Hemos venido solo a despedirnos.

MIGUEL   ¿A despediros?

NERUDA   Sí.

MIGUEL   ¿Me muero?

ELLA   Sí.

NERUDA   Así que ya no tienes que decidir nada.

ELLA   Tu decisión la tomó el tiempo, que no para.

SIJÉ   Y también tú, con tu actitud, la verdad, porque siempre has sido un poco cabezota.

MIGUEL   Pero no quiero morirme, ¿todavía puedo cambiar?

NERUDA   No. Se te ha pasado el momento de cambiar, hace ya mucho. Pero tomaste una buena decisión. La correcta.

SIJÉ   Dejémoslo en la suya: la decisión de Miguel. Yo no se si ha sido la correcta.

NERUDA   Bien, cara de oveja. Dices bien, por una vez: fue tu decisión, simplemente. Pero yo la apruebo.

ELLA   No te olvidaremos, Miguel.

MIGUEL   Pero esperad, yo no quiero morirme todavía.

NERUDA   Lo mismo dije yo en el setenta y tres, pero no hubo manera.

ELLA   Has dejado mucha vida en tus versos, algo es
              algo.

MIGUEL   No es bastante, esperad.

SIJÉ   No tenemos tiempo. Ya ves, siempre con mis
              prisas. Adiós, Miguel, compañero.

MIGUEL   Esperad, José!

ELLA   Adiós, poeta mío.

MIGUEL   Espera, aún no me has dicho tu nombre.

NERUDA   Adiós, amigo.

MIGUEL   Pablo, esperad, esperad,. ¡esperad!

              (*Salen.*)

JOSEFINA   Nos casamos por iglesia el 4 de marzo en la
              enfermería.

MIGUEL   ¡Josefina!

JOSEFINA   Había un gran silencio.

MIGUEL   Josefina, ¿no me oyes?

JOSEFINA   Solo estábamos nosotros, el padre de la pri-
              sión, y dos presos de testigos.

MIGUEL   ¡Escúchame, Josefina! ¡Por dios! Mi hijo he-
           redará de su padre, no dinero; sino la honra
           de nuestro cariño y nuestra vida puestos a su
           servicio del modo más hermoso.

JOSEFINA   Después de acabar nos dejaron unos minutos
           solos, pero teníamos un nudo en la garganta
           y no dijimos nada y yo me fui llorando.

MIGUEL   Cuídalo, que coma, que beba, que espere, que
           resista y sea valiente. Y tú, cuídate, mi more-
           nita guapa.

JOSEFINA   Unos días mas tarde llegó la autorización para
           llevarlo al sanatorio, pero ya no se le podía
           mover, aunque él insistía todavía. Al día si-
           guiente fui y al ponerle la bolsa en la taquilla
           me la rechazaron mirándome. Y yo me fui sin
           preguntar nada. No tenía valor de que me ase-
           guraran su muerte.

Canción[17] *Pintada, no vacía:*
             pintada está mi casa
             del color de las grandes
             pasiones y desgracias.

             Regresará del llanto
             adonde fue llevada
             con su desierta mesa,
             con su ruinosa cama.

---

[17] *Canción última.* «El hombre acecha. nº 19. Extracto».

*Florecerán los besos
sobre las almohadas.
El odio se amortigua
detrás de la ventana.*

Será la garra suave.

Dejadme la esperanza.

Esta primera edición de *Miguel Hernández*,
de Julio Salvatierra, terminó de imprimirse
en diciembre de dos mil veinticuatro,
en Madrid.